BITCOIN DALLA A ALLA Z

Da Bitcoin alla Blockchain

Sergio Suarato

Copyright © 2022 Sergio Suarato

Copyright statement
All rights reserved

Tutti i diritti di utilizzo, commercio e riproduzione del materiale presente in questo libro sono di proprietà esclusiva dell'autore. La diffusione del presente libro in toto o in parte con scopi commerciali o di lucro sarà punita a norma di legge.

Nessuna parte di questo libro può essere riprodotta, conservata in sistemi di recupero o trasmessa in qualsiasi forma o mezzo elettronico, meccanico, fotografico, registrazione, fotocopia o altre, senza un permesso espresso per iscritto dall'autore. L'uso del presente materiale è consentito solo per finalità lecite, e tu accetti di rispettare tutte le leggi e i regolamenti applicabili. Amazon si riserva il diritto di esaminare eventuali violazione delle sue politiche e di intraprendere ogni azione che ritenga opportuna.

Ti impegni a rispettare tutte le limitazioni e regole previste per l'esportazione e la riesportazione, e ti impegni a non trasferire, incoraggiare, assistere o autorizzare il trasferimento del libro in un paese non autorizzato o che violi tali limitazioni e regole.

Tutti i diritti che non ti sono stati espressamente concessi sono diritti riservati di Amazon.

La società "Onlineweb s.s." attraverso cui opera l'autore non è una società di consulenza e la sua attività di marketing non costituisce invito all'investimento. Prima di investire i tuoi soldi rivolgiti ad un consulente finanziario per conoscere la normativa che disciplina gli investimenti e la relativa tassazione. Il tuo capitale è a rischio e il valore dei tuoi investimenti può salire o scendere e tu potresti recuperare meno di quanto avevi inizialmente investito. Ti consigliamo di non investire denaro che non puoi permetterti di perdere.

PRIVACY POLICY
Iubenda ospita questo contenuto e raccoglie solo i Dati Personali strettamente necessari alla sua fornitura. https://www.iubenda.com/privacy-policy/42209720

Cover design by: Sergio Suarato

CONTENTS

Title Page
Copyright
Introduzione
1. La nascita di Bitcoin — 1
2. La tecnologia Blockchain — 8
3. Il mining — 15
4. L'inflazione — 26
5. Il protocollo Bitcoin — 29
Conclusione — 39
Bibliografia — 43

Bitcoin dalla A alla Z

Volume II
"Da Bitcoin alla Blockchain"

INTRODUZIONE

Dopo aver acquisito le conoscenze di base sul mondo delle criptovalute con il volume I della serie "Bitcoin dalla A alla Z" possiamo finalmente passare all'analisi di Bitcoin. Se ancora non lo hai letto ti invito a farlo prima di procedere nella lettura di questo libro, in modo da non confonderti le idee con informazioni troppo dettagliate. Il primo volume è disponibile su Amazon; lo trovi sia in formato e-book che cartaceo sulla mia Pagina Autore (vedi conclusione di questo libro).

Prima di iniziare è importante chiarire l'ortografia della parola e la sua pronuncia (a cui gli addetti ai lavori tengono molto). Bitcòin scritto con la lettera maiuscola è usato con riferimento all'intero mondo Bitcoin e alla tecnologia che ne è alla base, chiamata "**Blockchain**". Per riferirsi alla (cripto)valuta in senso stretto va usata la lettera minuscola (bitcòin).

La sigla BTC (o anche XBT) si usa di solito nelle quotazioni di mercato del bitcoin.

L'etimologia della parola viene dai termini "bit", che in informatica è l'unità di misura elementare dell'informazione, e "coin", dall'inglese "moneta". Il bitcoin molto banalmente è una **moneta fatta di bit**, perché è costituita semplicemente da codice.

1. LA NASCITA DI BITCOIN

La nascita di Bitcoin non è avvenuta dall'oggi al domani. E' stata un insieme di fasi succedutesi nell'arco di qualche mese.

Tutto comincia il **18 Agosto 2008,** quando viene registrato il dominio bitcoin.org da parte di un utente anonimo.

Il **31 Ottobre**, sempre all'oscuro da tutti, il "Bitcoin desing paper" viene pubblicato sul medesimo sito, che però non possiede ancora un traffico elevato e quindi resta semi-sconosciuto. Chiunque può scaricare gratis e leggere liberamente il Whitepaper di Bitcoin collegandosi al sito *https://bitcoin.org/en/bitcoin-paper* e scegliendo tra la versione originale o la traduzione in una delle altre lingue del mondo.

Ma l'evento che ha suscitato sicuramente più scalpore è stato quando, sul "The Cryptography Mailing List" del sito metzdowd.com, il **1 Novembre 2008** è comparso un post di un tale Satoshi Nakamoto, il quale annuncia di aver inventato un sistema di pagamento elettronico basato su una rete Peer to Peer che non richiede la presenza di un'autorità centrale a svolgere il ruolo di garante delle transazioni.

Satoshi Nakamoto non è il suo vero nome; si tratta di uno pseudonimo. Le teorie sulla vera identità di S.N. sono numerose: nessuno sa se sia un lui o una lei; alcuni ritengono che sia morto, altri che non sia mai esistito. Si pensa addirittura che si tratti non di un unico individuo ma di un gruppo di esperti programmatori ed economisti riunitisi per rivoluzionare l'economia mondiale.

Gli appassionati di criptovalute attribuiscono un valore rilevante alla vicenda che ruota attorno a Nakamoto tanto da pensare che, qualora egli decidesse di venire allo scoperto, il Bitcoin non attirerebbe più interesse e il prezzo della criptovaluta calerebbe a picco.

Tornando al post di Satoshi Nakamoto, la sua idea non venne presa troppo sul serio dalla maggioranza degli utenti, anche perché apportava delle innovazioni tecnologiche importanti e inimmaginabili. Altri invece furono incuriositi dall'idea e chiesero maggiori dettagli su come egli pensava di poter risolvere alcune questioni tecniche piuttosto complesse. Di fronte a questa richiesta, Nakamoto replicò di non avere il tempo di fornire ulteriori informazioni ma che era ormai da più di un anno che stava lavorando al progetto e a breve avrebbe pubblicato il software e il codice sorgente del sistema con licenza open source (un codice non brevettato, bensì di pubblico dominio).

Pochi giorni dopo, il **9 Novembre**, pubblicò tutto il codice sorgente sul sito SourceForge.net: era nata ufficialmente la Blockchain. Per vedere la comparsa dei primi bitcoin sulla rete, però, bisognerà aspettare 2 mesi più tardi, il **3 Gennaio 2009**, quando Satoshi Nakamoto lanciò il programma Bitcoin e registrò il primo blocco della Blockchain, generando 50 bitcoin. Quei bitcoin vennero utilizzati per la prima volta il **12 Gennaio 2009** in una transazione tra lo stesso Satoshi e lo sviluppatore californiano Hal Finney (che fu il primo a credere nel progetto e a scaricare la prima versione di Bitcoin rilasciata su SourceForge), per testare l'efficienza del sistema; transazione che è stata poi inserita nel blocco #170 della Blockchain.

In quel periodo i bitcoin non avevano alcun valore monetario e le transazioni non avevano alcun costo di commissione. Quando si dovevano effettuare degli scambi con bitcoin, quindi, il prezzo veniva spesso stabilito privatamente tra le parti. La prima quotazione di bitcoin vera e propria risale al **5 Ottobre 2009** e va attribuita al *New Liberty Standard stock exchange*, con il tasso di cambio: **1$ = 1309,03 BTC**.

Dopo le prime quotazioni cominciano a crearsi anche i primi canali e gruppi di discussione su Bitcoin. In particolare, il **9 Ottobre 2009** viene registrato il canale *#bitcoin-de* su una piattaforma di messaggistica istantanea chiamata IRC (Internet Relay Chat) e successivamente, **il 22 Novembre 2009**, il vecchio forum che si teneva su SourceForge viene spostato sul sito *bitcointalk.org*, uno dei siti tuttora attivi per discutere sugli sviluppi del progetto Bitcoin.

Il primo vero acquisto realizzato in bitcoin, invece, è stato effettuato 6 mesi più tardi, il **22 Maggio del 2010**, quando il programmatore Laszlo Hanyecz pubblica sul forum BitcoinTalk il suo desiderio di acquistare due pizze pagandole in bitcoin, offrendo 10.000 BTC (allora equivalenti a circa 30$) a chiunque gliele avesse recapitate a casa. Il beneficiario della transazione fu la catena di pizzerie "Papa John's". Tale momento storico è ricordato e festeggiato ogni anno da tutti gli amanti di Bitcoin come il **"Bitcoin Pizza Day"**.

Quelle due pizze si sono trasformate nelle pizze più costose della storia in quanto, al 10 Novembre 2021, giorno in cui il prezzo di bitcoin ha raggiunto l' "all time high" (massimo storico), quei 10.000 bitcoin sarebbero valsi circa 660 milioni di dollari.

Il bitcoin ha raggiunto il costo di 1 USD per la prima volta soltanto nel 2011. Il 03/01/2017 valeva già 900 $, mentre il 03/01/2018 è arrivato a 15.000 $, dopo aver toccato picchi di 20.000$ durante il mese di Dicembre 2017. Il massimo storico mai raggiunto è di circa 66.000$, risalente al 10 Novembre 2021.

Il bitcoin può essere suddiviso in decimali fino ad 8 cifre dopo la virgola. Una frazione di 1 centimilionesimo di bitcoin (0,00000001 BTC) è chiamata "Satoshi", in onore del suo inventore.

Quando si acquista bitcoin non si è costretti a comprarne uno intero; posso anche decidere di comprare l'equivalente di 10€ di bitcoin, che al cambio nel giorno della pubblicazione di questo libro sono circa 0,0005 BTC.

Satoshi Nakamoto ha contribuito al progetto di Bitcoin in via anonima insieme ad altri sviluppatori, per poi ritirarsi dalla comunità nel 2010.

Non sono mancati tentativi di utilizzare la tecnologia di Bitcoin per scopi illeciti.

Nel 2011 comparve il sito web *"La Via della Seta"*, dove era possibile acquistare qualunque oggetto o sostanza illegale pagando in bitcoin. Indagini serrate ed arresti da parte di CIA ed FBI convinsero il fondatore Gavin Andresen, l'ultimo ad essere stato in contatto con l'ideatore di Bitcoin, a parlare sul conto di Nakamoto. Tuttavia egli rivelò di non averlo mai incontrato né di averci mai parlato al telefono.

Spaventato dalla decisione di Andresen, Nakamoto da quel momento si rese completamente irreperibile e lasciò intatto il proprio wallet Bitcoin. Le ultime notizie da parte di S.N. si sono avute verso la fine del 2011, quando fece sapere di essere passato ad altri progetti e di aver lasciato Bitcoin in buone mani.

Nel corso degli anni, molti tra sviluppatori e imprenditori sono stati sospettati di essere Satoshi Nakamoto, ma hanno smentito l'ipotesi essi stessi in prima persona.

- Nel 2013 la rivista Newsweek ritenne di averlo "scovato" nel sud della California, dove viveva con la madre 93enne. Nato in Giappone nel 1949, Nakamoto sarebbe immigrato negli Stati Uniti a 10 anni, si sarebbe poi sposato ed avuto 6 figli. Laureato in fisica, con la passione per i trenini e una carriera silenziosa al servizio dell'esercito statunitense e di grandi compagnie, l'uomo sospettato aveva il look di un pensionato trasandato e un carattere schivo e riservato. In numerose interviste, che avevano più l'aria di interrogatori, ha più volte smentito la tesi fornendo informazioni sulla propria vita contrastanti con quella che è la storia del mitologico cripto-inventore.

- Fra i sospettati vi fu lo stesso sviluppatore Hal Finney, in quanto il peggioramento della malattia di cui egli soffriva coincise con il ritiro di S.N. da Bitcoin. I sospetti furono alimentati dal perfetto uso dell'inglese nel Whitepaper e dagli orari di attività online di Nakamoto, che ne rendevano improbabile la presenza in Giappone. Intervistato da un giornalista che si accorse della correlazione Finney negò, prima di morire nel 2014.

- Alcune strampalate teorie hanno associato il fondatore di Bitcoin anche a personaggi come Elon Musk. Inutile dire che, con tutte i progetti che Musk portava avanti in quel periodo, sarebbe stato fisicamente impossibile per lui lavorare anche all'invenzione di un nuovo sistema di finanza decentralizzata, perfino per un genio come l'imprenditore Sudafricano.

- Secondo due articoli d'inchiesta pubblicati da Wired e Gizmodo nel Dicembre 2015, il creatore di Bitcoin sarebbe in realtà l'imprenditore australiano Craig Steven Wright. Nel giro di poche ore furono effettuate perquisizioni nella casa e nell'ufficio di Wright da parte della polizia federale australiana, tuttavia non collegate a tale vicenda.

Il 2 Maggio 2016 Craig Steven Wright dichiara pubblicamente sul suo blog di essere Satoshi Nakamoto. Egli rivela la sua identità alla BBC, al The Economist ed a GQ. Al fine di dimostrare la sua affermazione ha firmato un messaggio con la chiave privata associata alla prima transazione di Bitcoin. Tuttavia la validazione di questa firma è stata da molti contestata e gli esperti di crittografia ritengono che non si riferisca alla prima transazione in assoluto ma alla seconda, appartenente ad un wallet diverso da quello di Satoshi.

Il 4 Maggio 2016 Wright promette di pubblicare ulteriori prove a sostegno della propria tesi, ma il giorno successivo cancella tutti i post presenti sul suo blog e pubblica una nota intitolata "I'm sorry" ("mi dispiace") nella quale dichiara di essere stato pronto a pubblicare ulteriori prove ma di non aver avuto il coraggio di farlo. Conclude la nota con un "*arrivederci*".

Nello stesso anno Wright presenta anche una richiesta di

copyright per il Whitepaper di Bitcoin.

- Nel 2020 John McAfee, programmatore britannico e fondatore dell'omonima azienda di sicurezza informatica, rivelò che dietro al personaggio di Nakamoto c'erano state circa 11 persone nell'arco di cinque anni, tra cui lo stesso Wright. McAfee affermò inoltre di aver scoperto l'identità dell'autore del Whitepaper di Bitcoin ma di aver deciso di non renderla pubblica dopo aver parlato con il diretto interessato. Lasciò tuttavia importanti indizi: secondo McAfee, infatti, il Whitepaper del 2008 presenta delle caratteristiche di scrittura sovrapponibili al 99% con i paper accademici pubblicati a livello professionale dalla persona da lui individuata. Fra queste, l'informatico nota una prevalenza dell'inglese britannico su quello americano, che di per sé potrebbe estromettere Finney dai potenziali candidati.

Come mai Wright decise di tornare sui suoi passi ritirando la propria confessione?

Come faceva McAfee ad essere certo della vera identità di Satoshi Nakamoto?

Perché Satoshi Nakamoto non vuole rivelarsi?

A queste e ad altre domande l'opinione pubblica cerca ancora di dare una risposta.

Una cosa è certa: Nakamoto non può essere sparito nel nulla.

E' possibile che Satoshi Nakamoto fosse consapevole che un sistema senza un padre è un sistema più robusto, che rende pienamente efficiente il concetto di decentralizzazione. Un sistema senza padre, però, è anche fonte di scontri interni.

Gli sviluppatori che contribuirono alla nascita di bitcoin hanno pareri contrastanti sul reale significato di alcune invenzioni di S.N.

Sembra essere iniziato un acceso confronto su chi tra loro dovrà raccogliere l'eredità di Nakamoto.

Ma siamo solo all'inizio.

Questo è probabilmente l'inizio della fine dei soldi come oggi li conosciamo.

2. LA TECNOLOGIA BLOCKCHAIN

Grazie al capitolo "Concetti base di Crittografia" del volume I di questa serie, riusciremo ora a comprendere il funzionamento della tecnologia Blockchain.

Partendo dalla nomenclatura, cosi come fatto in precedenza per il termine *Bitcoin*, dobbiamo ricordare che la parola blockchain assume diversi significati a seconda di come viene scritta: blockchain (con l'iniziale minuscola) indica una generica tecnologia strutturata come una catena di blocchi (dai termini inglesi "block" e "chain"); Blockchain (con l'iniziale maiuscola) indica univocamente la blockchain di Bitcoin, la blockchain principale, la prima in assoluto ad essere stata creata.

...O forse no?

In realtà il primo prototipo di blockchain fu ideato nel 1991 da due ricercatori americani con l'obiettivo di vidimare i documenti digitali, in modo che non fosse possibile retrodatarli o manometterli. La tecnologia rimase però inutilizzata fino al 2008, quando venne implementata da Satoshi Nakamoto.

Essa non si limita soltanto all'universo finanziario ma trova applicazione anche nella gestione dei registri, nei movimenti delle merci, nei settori notarili, assicurativi, sanitari e logistici, facilitando la negoziazione di contratti detti "intelligenti" ("**smart contracts**") e offrendo maggiore sicurezza e trasparenza contro le frodi. Un sistema immutabile e resistente alla censura.

Un esempio di utilizzo pratico della Blockchain è la registrazione del contratto di acquisto di una casa sottoforma di smart contract, che non richiederebbe la firma di un professionista o l'intermediazione delle banche per garantire la legittimità della transazione. Si tratta di codici di programmazione scritti ed eseguiti direttamente nella blockchain, che permettono di automatizzare l'esecuzione dei pagamenti al verificarsi di determinati eventi.

Gli utilizzatori di Bitcoin, o meglio tutti i "**digital wallet**" (che tradotto significa "portafogli digitali") in cui è possibile depositare bitcoin, sono identificati da un **address alfanumerico univoco**. Bitcoin è considerato un sistema di contabilizzazione pseudo-anonimo, in quanto permette a tutti di vedere le transazioni effettuate da un wallet ma non permette di risalire alla persona fisica che ne è in possesso.

Questo address è anche detto chiave pubblica o indirizzo pubblico. Se si vogliono ricevere bitcoin bisogna inviarli (o farseli inviare) alla propria chiave pubblica; invece, la chiave privata deve rimanere segreta e servirà al titolare del wallet per poter utilizzare i propri fondi (o per poter accedere al wallet in caso di smarrimento della password). Se la chiave privata di un wallet dovesse cadere nelle mani sbagliate, il malintenzionato potrebbe rubare indisturbato tutti i fondi presenti su quel wallet.

Quando si devono inviare bitcoin ad un'altra persona è necessario conoscere la sua chiave pubblica. Inviare bitcoin ad un indirizzo digitato in modo scorretto (uno 0 al posto di una o) oppure ad un indirizzo che non "corre" sulla Blockchain bensì sulla rete di un'altra criptovaluta provocherà una perdita irreversibile, poiché non sarà possibile annullare la transazione dopo che è stata già confermata.

Ma andiamo con ordine.

L'obiettivo principale per cui è nato Bitcoin è quello di permettere le transazioni tra sconosciuti che, in quanto tali, non si fidano l'uno dell'altro.

Prima di bitcoin, per scambiare denaro con uno sconosciuto c'erano due opzioni: vedersi di persona ed effettuare lo scambio in contanti; oppure inviare denaro attraverso strumenti come un conto corrente o una carta di pagamento, emessi da un'istituzione finanziaria (banca) che assume il ruolo di intermediario. In questi casi il ricevente non deve necessariamente fidarsi di colui che invia i soldi ma solo dell'intermediario, che gli assicura che riceverà quanto gli spetta.

Grazie alla Blockchain, invece, si può concludere lo scambio anche a distanza, senza intermediari, pur mancando la fiducia tra le parti; ciò è possibile perchè le parti si fidano della matematica (alla base della crittografia) e della Blockchain, i cui registri non possono essere manomessi da nessuno.

I bitcoin possono essere facilmente acquistati, venduti, scambiati e traferiti da persona a persona grazie a specifiche piattaforme online (chiamati "exchange" o "crypto-exchange") a cui è possibile registrarsi autonomamente e in modo completamente gratuito, tramite una connessione ad internet e senza l'intermediazione di alcuna banca. I costi di trasferimento di criptovalute, inoltre, sono nettamente inferiori rispetto alle commissioni bancarie. Infatti, mentre il costo medio di un bonifico bancario intercontinentale è di circa 30€, il costo di un trasferimento di bitcoin non supera i 16€ nei periodi di maggiore affollamento della rete. In quest'ultimo caso, il costo è indipendente dalla quantità di bitcoin inviata e resta invariato sia che tu debba inviarli ad un wallet situato nella tua città sia che tu debba inviarli dall'altra parte del mondo.

Per aprire un account e ricevere bitcoin non serve il permesso o la garanzia di alcun intermediario, basta scaricare una semplice applicazione per cellulare o accedervi da pc. Questo fa si che chiunque possa gestire uno o piu wallet in modo semplice. Per motivi di sicurezza, tutte le piattaforme di crypto-exchange (o almeno quelle serie ed affidabili) chiedono ai clienti la verifica KYC ("Know your costumer", cioè la classica verifica dei documenti di identità) prima di attivare i loro

account e il principale requisito richiesto è essere maggiorenni.

Come dicevamo, i wallet sono come dei portafogli. Tuttavia non è corretto considerarli alla stregua dei portafogli fisici in quanto i wallet di criptovalute contengono esclusivamente i codici di accesso ai bitcoin, e non i bitcoin in sè. Infatti, è possibile accedere al wallet da piu dispositivi e in ognuno di essi verrà mostrato il medesimo saldo. Se al contrario acquistiamo 10 portafogli, le banconote e le monete "depositate" in uno di essi non compariranno magicamente in ognuno degli altri 9.

I wallet sono più dei portachiavi, utili per tenere al sicuro le chiavi private che ci consentono di spendere i nostri bitcoin.

L'operazione di trasferimento avviene grazie ad una particolare tecnologia di stoccaggio e trasmissione delle informazioni regolata da algoritmi di consenso che fa uso della crittografia, denominata **"Distributed Ledger Technology"** (**DLT**): una macrofamiglia a cui appartengono anche le blockchain.

In generale, esistono 3 tipi di DLT:

- *Pubbliche o "Permissionless"*, in cui chiunque può partecipare al network senza necessità di pre-approvazione;
- *Private o "Permissioned"*, controllate da un ente (ad esempio una banca), in cui il sistema decide chi può entrare nella rete e che poteri può assumere;
- *A Consorzio*, controllate da un gruppo di persone selezionate.

Le blockchain sono tendenzialmente di tipo permissionless.

Per quanto riguarda cos'è una blockchain, essa non ha una definizione unica.

Si tratta di un registro <u>condiviso</u>, <u>verificabile</u> e <u>immutabile</u> che facilita il processo di registrazione delle transazioni e il tracking di

digital assets (criptovalute, token, ecc.). E' basata su una rete peer to peer, in cui cioè il consenso è distribuito su tutti i nodi della rete (costituiti dai dispositivi degli utenti che usano quella rete). Le transazioni, <u>incensurabili</u> e <u>irrevocabili</u>, vengono aggregate a formare dei blocchi, i quali vengono legati in ordine cronologico formando una catena criptata.

Le informazioni riguardanti la blockchain di Bitcoin sono contenute in registri pubblici e visibili a tutti collegandosi al database online *www.blockexplorer.com*, dove è possibile anche visualizzare tutte le transazioni effettuate da ogni indirizzo bitcoin e il saldo del wallet a cui ciascuno di essi è collegato; queste informazioni non sono di proprietà esclusiva di nessuno ma disponibili a tutti gli utenti della rete (quello che in informatica è conosciuto come "**software full-node**").

Le reti delle altre criptovalute funzionano in modo simile alla Blockchain, pur con variazioni più o meno consistenti. Se sei curioso di conoscere il funzionamento di criptovalute diverse da Bitcoin non perdere i prossimi volumi della serie "Bitcoin dalla A alla Z".

La presenza di migliaia di copie dei registri contabili su ciascun server del mondo (centinaia di migliaia di server attualmente operativi sulla rete) rende la Blockchain praticamente inviolabile, evitando problemi che sono invece molto ricorrenti nei database bancari, che di norma sono centralizzati, come ad esempio la falsificazione delle transazioni o l'appropriazione indebita di dati sensibili dei clienti.

Dal 2009 ad oggi sono stati fatti innumerevoli tentativi di violazione della Blockchain ma nessuno di questi è mai andato in porto perché, per modificare/falsificare anche una piccola virgola dei registri contabili di Bitcoin (ad es. aggiungere 0,00000001 bitcoin al proprio wallet o modificare transazioni del passato), occorre avere sotto controllo contemporaneamente il 50% + 1 dei server della rete per almeno 1 ora (tipo di attacco conosciuto come "**51% attack**"). Tuttavia, controllare e manomettere le copie dei registri della Blockchain detenute dalla maggioranza dei nodi è praticamente impossibile; quindi il 51% attack è possibile solo in linea teorica. E più si va avanti nel tempo più attaccare la Blockchain si complica, perché i server della rete aumentano esponenzialmente, di pari passo con l'interesse riscosso dal settore.

Si è addirittura stimato che attaccare la rete di Bitcoin avrebbe anche un costo, che renderebbe il tutto ancora più difficile: questo costo dipende dal costo di estrazione di bitcoin (il mining, che vedremo tra poco) ed è pari a circa mezzo milione di dollari per 1 ora di "controllo". Tale costo cresce in modo esponenziale per le ore successive e renderebbe sconveniente per gli hacker effettuare l'attacco.

Se tuttavia i costi dell'energia elettrica e degli hardware di mining diminuissero improvvisamente, però, potrebbe diminuire proporzionalmente anche il costo di un attacco.

Ad evitare problemi del genere c'è un gruppo di informatici volontari sparsi in tutto il mondo che si occupa della manutenzione di base del software su cui gira la Blockchain e della sua sorveglianza.

Altro punto a sfavore è la convinzione, ormai diffusasi più in fretta della consapevolezza di cosa realmente la Blockchain è in grado di fare, che i bitcoin siano usati principalmente per scopi illeciti (acquisto di armi, droga, materiale pornografico, richieste di riscatto). La "moneta dei criminali". Tale credenza non fa altro che allontanare l'interesse dei neofiti verso il mondo delle criptovalute.

La realtà è ben diversa.

Se hai letto con attenzione le pagine precedenti avrai sicuramente capito che la pseudoanonimità di bitcoin non permette di rimanere completamente nell'ombra o di fare transazioni non tracciate, diversamente da quanto accade con il denaro contante. I contanti non sono tracciati, non è possibile risalire alla loro storia o all'uso che ne è stato fatto in passato. Inoltre, è possibile imbattersi facilmente in monete o banconote false; lo stesso non può dirsi nel caso di bitcoin perché si tratta di codice informatico che non può essere manomesso. Riciclare denaro con bitcoin è una strategia poco efficace, a causa della sua complessità e dei rischi insiti nello strumento, che si svaluta (e si rivaluta) velocemente.

Secondo l'ISTAT le operazioni illecite effettuate in tutto il mondo con denaro contante ammontano a circa il 57% del totale, mentre quelle in bitcoin o altre criptovalute sono appena il 26%.

Sei ancora convinto che "la moneta dei criminali" sia proprio il bitcoin?

La Blockchain può essere considerata un protocollo, ovvero un sistema di regole racchiuse in un software, scritte nell'interesse ed a garanzia dell'utente finale. Può essere vista come la "Carta Costituzionale" del Sistema Bitcoin e, in quanto tale, è immodificabile.

Tra poco torneremo ad analizzare in modo approfondito il Protocollo Bitcoin, ma prima…

3. IL MINING

Un'altra questione importante riguarda il mining, cioè l'estrazione di nuovi bitcoin non ancora in circolazione (processo simile alla stampa di nuova moneta da parte delle banche centrali).

Inizialmente i miners erano singoli individui (informatici, scienziati, esperti del settore, appassionati) attratti dell'alta profittabilità dell'attività, che mettevano la potenza di calcolo dei propri computer a disposizione della Blockchain. Oggi tale attività è svolta per lo più da società (cdd. "mining pool") dotate di centinaia di migliaia di schede video e processori dall'elevata potenza, tutti collegati alla stessa rete e spesso messi a disposizione da miners di tutto il mondo per condividere costi e profitti.

Più che estrarre bitcoin nel senso letterale del termine, in realtà, il mining è basato sulla cd. **"proof of work"** (prova di lavoro), un'attività che vedremo in dettaglio nell'ultimo capitolo. Essa consiste nel lavorare alla validazione delle transazioni effettuate in bitcoin in tutto il mondo ed aggiungerle alla Blockchain in gruppi dalle dimensioni prestabilite, chiamati appunto blocchi. Ogni blocco può contenere un massimo di circa 2.400 transazioni, per una dimensione di circa 1 MB.

Per validare una transazione è necessario che questa venga approvata dal 51% degli attori della rete Bitcoin (occorre cioè "la maggioranza assoluta dei voti"). Tale approvazione avviene mediante un controllo dei registri della Blockchain, che vengono aggiornati ogni volta che qualcuno invia o riceve bitcoin. Siccome tali registri sono distribuiti in tutti i server della rete, il controllo richiede una mole di calcoli algoritmici estremamente complessi eseguiti grazie alla potenza di calcolo dei processori di cui sono composti i mining pool.

Il sistema elaborato da Satoshi Nakamoto nel 2008 prevede che per validare un nuovo blocco si impieghino sempre circa 10 minuti. Il codice di tale sistema è provvisto di una serie di istruzioni integrate che, nel caso di una crescita esponenziale della potenza di calcolo degli strumenti utilizzati dai miners o di un aumento del numero di miners operanti sulla rete, aggiornano automaticamente il sistema ogni 2 settimane aumentando la difficoltà dei calcoli matematici necessari per validare un blocco e facendo in modo che questi non possano essere risolti in meno di 10 minuti. Allo stesso modo, se gran parte dei miners abbandona l'attività o la tecnologia regredisce, la Blockchain diminuisce la difficoltà dei calcoli.

Satoshi, inoltre, ha deciso che ogni blocco deve avere una dimensione massima di 1 MB per dare omogeneità alla rete e non affaticarla; quelli di dimensioni superiori non verranno approvati dai nodi della rete e le transazioni in essi contenute resteranno sospese, necessitando di essere validate nuovamente in blocchi idonei.

Ogni nuovo blocco viene poi "agganciato" a quello precedente e trasmesso a tutta la rete in modo da aggiornare automaticamente tutte le copie esistenti dei registri contabili della Blockchain.

Fino ad oggi sono stati minati più di 700.000 blocchi.

Se si volesse copiare in un file tutta la catena di blocchi di transazioni effettuate nella storia di Bitcoin dal primo pagamento tra Satoshi e Hal Finney ad oggi sarebbe necessario uno spazio di circa 1 TB (equivalente a 1.024 GB), cioè la capacità di memoria di un computer casalingo di fascia alta.

I costi del mining

I costi necessari per estrarre un bitcoin variano in base a: l'energia elettrica consumata dalle schede video e i processori, il costo di acquisto di tali componenti, la potenza di calcolo sfruttata e il paese in cui ci si trova.

Ricapitolando, per estrarre nuovi bitcoin (o meglio, per validare un blocco di transazioni di bitcoin) occorrono 10 minuti e circa 15,47 GW. Per fare un confronto, un normale asciugacapelli consuma 1,5 KW in 10 minuti.

Ad un computer casalingo anche piuttosto potente occorrerebbero oggi, per validare 1 singolo blocco, più di 2 milioni di anni (oltre a svariati milioni di euro spesi in energia elettrica).

Un consumo di 15,47 GW ogni 10 minuti equivarrebbe in Italia, supponendo un'attività continuativa H24, ad una spesa per elettricità di circa 10.000€ al mese. Ecco quindi che i miners si localizzano in paesi "strategici" in cui tale risorsa costa meno.

Tra i paesi più cari c'è la Corea del Sud con 26.000$ al mese.

Il paese più economico, invece, è il Venezuela, dove per la stessa quantità di energia si spenderebbero circa 530$ al mese (470€).

Anche l'Islanda è ottima per via del suo clima freddo, ideale per evitare il surriscaldamento delle componenti meccaniche e perché l'energia elettrica deriva interamente da fonti rinnovabili quali l'energia geotermica. Attualmente il 90% del consumo di energia elettrica in Islanda proviene dall'estrazione di bitcoin, nettamente superiore rispetto a quello derivante dal riscaldamento delle abitazioni del paese.

La Siberia ha un livello di attrattività enorme per chi vuole produrre bitcoin: è una zona in cui l'elettricità è a buon mercato grazie ai suoi grandi fiumi, il clima artico permette il buon funzionamento dei processori e l'assenza di regolamentazioni ben precise favorisce il proliferare di tale attività (insieme, come vedremo, a tutti gli illeciti che ne derivano). La Russia ha pensato, così, di sfruttare la Siberia per attrarre la maggior parte della potenza di calcolo dei mining pool mondiali.

Ma è in Cina che è concentrato l'80% del mining di bitcoin

mondiale. Il governo cinese ha quindi iniziato ad imporre alcune limitazioni molto stringenti nei confronti di tale attività, per evitare delle fughe di denaro nel resto del mondo sottoforma appunto di criptovalute.

Si è stimato che nel 2020 lo 0,49% della produzione mondiale di energia elettrica è stato destinato al Bitcoin e lo 0,56% del consumo mondiale di elettricità è stato provocato dall'estrazione di bitcoin, per un totale di 120 TW/h, che superano di gran lunga i consumi di paesi come Algeria, Perù, Danimarca o Svezia.

Ne consegue un ingente tasso di inquinamento.

I ricavi dei miners

Per sopperire almeno in parte a tutti questi costi, il miner (o il pool) che ha validato un blocco può autoassegnarsi come ricompensa una quantità prestabilita di bitcoin nuovi di zecca. La ricompensa è chiamata "**coinbase**" e costituisce la prima transazione ad essere validata all'interno di ogni blocco. Quando tutti gli altri nodi della rete verificheranno il lavoro svolto da chi ha minato il blocco, si accerteranno anche che egli non si sia autoassegnato più bitcoin di quelli stabiliti dal protocollo.

Figura n.1 – Transazione relativa alla coinbase del miner (Fonte: https://blockchain.info/it/block/0000000000000000004b049bdffd3982fa669f8567c2dd0088bae4660fd185bf)

Nel 2009 la coinbase era di 50 BTC ma tale cifra è andata via via diminuendo. L'algoritmo di Bitcoin, infatti, prevede che la quantità di nuova moneta generata si dimezzi ogni 210.000

blocchi validati. Questo evento è chiamato "**halving mechanism**" o semplicemente "**halving**" (*dimezzamento*). Se consideriamo che un blocco viene validato in 10 minuti, 210.000 blocchi corrispondono a circa 4 anni.

L'ultimo halving è avvenuto a Maggio del 2020 e la ricompensa per blocco minato è passata da 12,5 BTC a 6,25 BTC. Oggi siamo nel terzo halving di Bitcoin. Arrivati ad un certo punto (il 35° halving) la ricompensa dei miners si sarà dimezzata talmente tante volte che non verranno più create nuove monete e il bitcoin sarà praticamente immune al fenomeno dell'inflazione.

Vengono creati attualmente 6,25 BTC ogni circa 10 minuti; tra il 30 Giugno 2020 e il 30 Giugno 2021 sono stati minati 328.500 BTC (e così avverrà ogni anno fino al prossimo halving, previsto per il mese di Aprile del 2024).

Il mining è una vera e propria competizione tra tutti coloro che si dedicano a tale attività, quindi quei 6,25 BTC se li aggiudicherà il più veloce a validare il blocco.

Il numero massimo di bitcoin estraibili complessivamente è 21 milioni di unità. Non possono esserne emessi di più.

Il numero di bitcoin "minati" finora è di circa 19 milioni; vuol dire che è già stato emesso il 90% dell'offerta totale. Stando ai ritmi attuali, si stima che l'ultimo satoshi verrà estratto intorno al 2140.

Il primo blocco della Blockchain risale alle 18:15 del **3 Gennaio 2009** ed è chiamato "**Genesis block**" (blocco di genesi), minato dallo stesso Satoshi; esso conteneva soltanto una transazione, quella della coinbase da 50 BTC (che al cambio dell'epoca ammontavano complessivamente a meno di 0,01$). Il wallet che ha ricevuto quei 50 bitcoin è ancora dormiente, non avendo mai effettuato alcuna transazione. Oggi contiene un controvalore di oltre 2 milioni di dollari in bitcoin.

Ecco alcune delle caratteristiche e particolarità del Genesis Block:

- E' numerato come blocco #0 anche se nei primi periodi veniva erroneamente indicato come blocco #1;
- È l'unico blocco che non è legato ad alcun blocco precedente ma è programmato direttamente all'interno della Blockchain;
- Tra il Genesis Block e il secondo blocco sono passati 6 giorni, probabilmente perché Satoshi Nakamoto si era accorto di dover effettuare alcuni perfezionamenti;
- I 50 bitcoin della coinbase non sono spendibili. Non si sa se questo fosse voluto proprio da Satoshi o sia dovuto ad una svista in fase di programmazione.

Le persone nel corso degli anni hanno donato piccole quantità di bitcoin in omaggio a Nakamoto trasferendo fondi verso l'indirizzo 1A1zP1eP5QGefi2DMPTfTL5SLmv7DivfNa.

Un po' come lanciare la monetina nella Fontana di Trevi per esprimere un desiderio.

- All'interno della coinbase del Genesis Block è riportato il seguente testo:

"The Times 03/Jan/2009. Chancellor on brink of second bailout for banks"

(*The Times 03/gen/2009. Il cancelliere sull'orlo del secondo salvataggio delle banche*)

Questo messaggio segreto non è mai stato commentato da

Nakamoto, ma si può pensare che rappresenti la mission di Bitcoin stesso. Il testo, infatti, proviene dal titolo di copertina dell'edizione del 3 gennaio 2009 del quotidiano inglese "The Times". L'articolo riportava che il governo britannico non era riuscito a stimolare l'economia dopo la crisi finanziaria del 2008.

Una frase misteriosa che non ha fatto che aumentare l'attrattiva della questione Satoshi Nakamoto.

Figura n.2 – Prima pagina del quotidiano "The Times" del 03/01/2009

Si dice che S.N. abbia minato in tutto 1 milione di BTC nei primi mesi di vita della criptovaluta e che questi BTC siano fermi da tempo in diversi wallet, cosa che fa supporre che il misterioso creatore di bitcoin sia morto.

Il **12 Luglio 2021** è stato effettuato un invio di 740 bitcoin provenienti da uno dei wallet dell'era di Satoshi Nakamoto (periodo che va dal Novembre 2008 al Novembre del 2012, data del primo halving) e che era rimasto dormiente dal 1 Marzo 2012, quando ricevette i primi bitcoin. Si stima che su quel wallet siano ancora presenti più di 100.000 BTC.

Si contano nel mondo oltre 2 milioni di wallet su cui sono conservati almeno 10.000$ in bitcoin.

La top 100 dei cripto-investitori più ricchi detiene il 15% della supply totale di bitcoin, pari a 2,8 milioni di BTC (al momento equivalenti a 60 miliardi di dollari).

Oltre alla coinbase, i miners ricevono un'ulteriore ricompensa, costituita dalle fee (le commissioni) pagate da ciascun utente che invia bitcoin. L'entità della commmissione talvolta è facoltativa; le transazioni effettuate su alcuni exchange, invece, prevedono una fee fissa obbligatoria che dipende da: **la dimensione della transazione** (in ogni transazione possono esserci più input e più output, aumentando il peso del file da inserire nel blocco), **la piattaforma utilizzata per il trasferimento** (alcune piattaforme offrono addirittura trasferimenti gratis ai propri utenti, cosa inimmaginabile per il sistema bancario), **il prezzo corrente del bitcoin** e **l'affollamento della rete in quel preciso momento**. Non dipende invece dalla quantità di bitcoin inviati.

Un fattore sicuramente fondamentale, inoltre, è **la velocità con cui si vuole che venga validata la propria transazione**. I miners, infatti, per ottenere un maggiore guadagno danno precedenza alla validazione delle transazioni effettuate dagli utenti che pagano maggiori commissioni, includendole subito nel blocco. Quelle con minori commissioni potrebbero slittare in coda o (in periodi di affollamento della rete) addirittura nei blocchi successivi.

Dopo il 35° halving, quando la coinbase sarà di 0,00000000 BTC, le fee pagate dagli utenti costituiranno l'unica ricompensa dei miners, i quali ovviamente preferiranno validare solo le transazioni con commissioni più alte e lasceranno fuori tutte le altre.

E' ancora sconosciuto il modo in cui si provvederà a risolvere tale problema, che potrebbe mettere a rischio la trasparenza dell'intera Blockchain, ma è difficile credere che il buon Satoshi Nakamoto non ci abbia già pensato.

In ogni caso si tratta di un tempo (forse) ancora lontano.

Se effettuiamo un invio di bitcoin, il tempo necessario affinchè la nostra transazione venga confermata dai nodi della rete è mediamente di 50 minuti.

"Ma non avevi detto che un blocco di transazioni viene validato in 10 minuti?"

Si, è così. Ogni blocco aggiunto alla catena dopo quello contenente la transazione costituisce però un'ulteriore conferma che essa è sicura. In genere si considera valida una transazione quando vengono validati almeno 4 blocchi successivi a quello di appartenenza (quindi: 4 blocchi + il blocco di appartenenza = [10 min. x 4] + 10 min = 50 min.). Prima di ottenere un numero di conferme sufficienti (di solito 6), la transazione appare come "in corso" e i fondi non sono utilizzabili né dal mittente (per evitare il cd. "double spending") né dal destinatario.

Questo è uno dei tanti motivi per cui è improbabile che i bitcoin vengano utilizzati come metodo di pagamento. Immagina di pagare in bitcoin la spesa al supermercato e di dover aspettare alla cassa per 30/40 o anche 50 minuti affinchè il tuo pagamento venga confermato e i bitcoin arrivino al destinatario. Non è un metodo molto pratico.

Si tratta, però, di un sistema di sicurezza insito nella Blockchain. Potrebbe capitare, infatti, che la catena di blocchi ad un certo punti si sdoppi per via di un attacco di hacker malintenzionati che cercano di ottenere bitcoin gratuitamente o falsificare una transazione. Per farlo, l'hacker dovrebbe assumere il controllo della Blockchain per circa 1 ora.

Perché proprio 1 ora?

Come abbiamo detto nel 2° capitolo, gli attacchi hacker della Blockchain non vanno mai a buoni fine.

Come mai?

Mettiamo il caso che un hacker (o meglio, un mining pool di hackers che vogliono manomettere la Blockchain) estragga/validi un nuovo blocco di transazioni (nel nostro esempio, il blocco #3) inserendo, ad esempio, una transazione falsa in cui si auto-assegna 1.000 BTC; gli altri miners si accorgeranno che quel blocco viola i criteri ferrei della Blockchain e i nuovi blocchi estratti verranno accodati non al blocco falso ma al blocco ancora precedente, creando una biforcazione della catena (è così che avvengono anche i fork della rete. Vedi il cap. 9 del volume I).

Per fare in modo che l'auto-assegnazione di 1.000 BTC venga confermata, l'hacker dovrà validare almeno altri 4 blocchi nella catena 1 prima che tutto il resto della rete riesca a far crescere la catena 2 (catena non fraudolenta). La situazione che si verrebbe a creare sarebbe simile a questa:

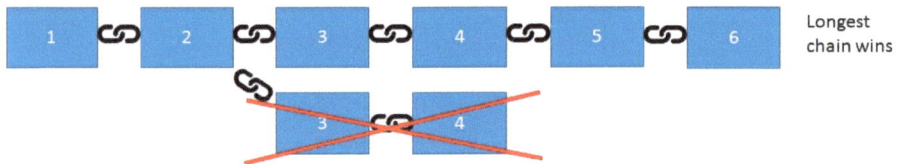

Figura n.3 – Fork di una catena di blocchi

A questo punto gli altri miners, vedendo che c'è una catena più lunga di un'altra, la accetteranno e accoderanno ad essa i nuovi blocchi, senza accorgersi della violazione.

Le transazioni che erano presenti nei blocchi di quella che era la catena 2 (ora annullata) non vengono annullate a loro volta ma saranno di nuovo in stato pending in attesa di essere inserite in un nuovo blocco. Ecco che l'hacker avrà rubato 1.000 bitcoin alla Blockchain.

Questo è un caso ipotetico e ovviamente impossibile da verificarsi perché il mining pool di hackers dovrebbe avere una potenza di calcolo molto superiore rispetto alle decine di milioni di nodi della rete Bitcoin sparsi per il mondo (evento altamente improbabile) e riuscire a risolvere per primo i calcoli crittografici di 4 blocchi consecutivamente (evento impossibile).

4. L'INFLAZIONE

Le monete tradizionali, ogni volta che la banca centrale ne stampa di nuove, perdono valore. E ne possono essere stampate all'infinito.

Non essendoci alcun organo centrale a controllarne l'emissione, il tasso di cambio del bitcoin è stabilito esclusivamente dal mercato, dall'incontro tra domanda e offerta. L'offerta, inoltre, è fissa e limitata a 21 milioni fin dal giorno della creazione. Ciò che varia, quindi, è soltanto la domanda, proveniente da coloro (aziende, investitori istituzionali, privati) che vogliono acquistare bitcoin.

Per via degli halving, però, l'inflazione che caratterizza Bitcoin è controllata (caso unico tra tutti gli asset finanziari esistenti). Essa dimezza ogni 4 anni in corrispondenza degli halving e minare bitcoin diventa quindi 2 volte più costoso. Nel 2019 l'inflazione è stata circa il 3,8%. Nel 2020, con il terzo halving, l'inflazione è scesa all' 1,79%. Attualmente si aggira sull'1,46%. Intorno al 2140, anno in cui verrà estratta l'ultima briciola di bitcoin, essa arriverà allo 0%.

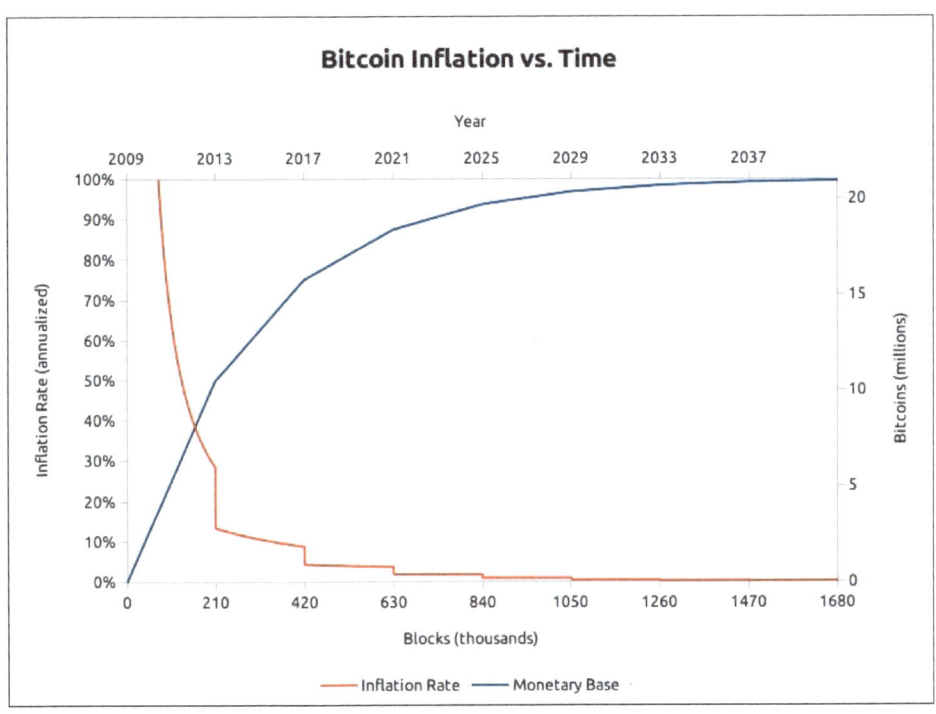

Figura n.4 – Grafico "Inflazione di Bitcoin vs tempo"

Molti pensano che un tale fenomeno debba inevitabilmente portare ad un aumento del prezzo di bitcoin; ciò non è necessariamente vero perché l'inflazione di Bitcoin è nota a priori e non è inaspettata. Probabilmente essa è già stata computata da S.N. all'interno del prezzo di bitcoin fin dalla sua nascita oppure i maggiori investitori acquistano grandi quantità di bitcoin con l'intenzione di assorbire gli effetti di un halving imminente. Secondo un'altra ipotesi, il bitcoin potrebbe essere totalmente esente dall'inflazione.

Questo è in parte vero, infatti, più che di inflazione è opportuno parlare di **deflazione**.

A causa di banali errori, ad esempio un miner che dimentica di autoassegnarsi la coinbase nella validazione di un blocco oppure un utente che perde le chiavi private per accedere ai propri bitcoin, alcune monete sono andate perse in maniera irreversibile durante il corso degli anni. E più passa il tempo più la percentuale di moneta effettivamente in circolazione rispetto a quelle emesse tenderà a decrescere; questo vuol dire che non verranno mai raggiunte le 21 milioni di unità di bitcoin in circolazione. Secondo alcuni calcoli, i bitcoin andati persi sono oltre 2,5 milioni.

Sembrerà strano ma Satoshi Nakamoto aveva previsto anche questo.

Non c'è una risposta precisa a questa questione, e lo si nota dal fatto che nessuno (a differenza di quanto accade per le azioni e obbligazioni emesse da Stati e imprese) può volontariamente controllare le variazioni di prezzo del bitcoin attraverso operazioni particolari.

5. IL PROTOCOLLO BITCOIN

Il protocollo Bitcoin è ciò che sta dietro le quinte della Blockchain, quell'insieme di regole che molti utilizzatori di bitcoin non conoscono ma che inconsapevolmente seguono ogni giorno.

Allo stesso modo quasi nessuno dei possessori di una carta di debito ne conosce i dettagli tecnici e il funzionamento. Tutto questo è possibile grazie al fatto che entrambi i sistemi sono stati resi disponibili attraverso applicazioni "user friendly", cioè facili da utilizzare anche per i neofiti, in modo da ottimizzare le attività quotidiane.

Il protocollo Bitcoin è un sistema di verifica decentralizzata e "trustless", basato su 3 elementi fondamentali: le <u>firme digitali</u>, la <u>funzione di hash</u> e la <u>Proof of Work</u>.

Quando c'è la necessità di scambiare frequentemente soldi con amici e parenti (ad esempio per dividere il conto di una cena, le bollette o altre spese comuni), farlo in contanti può essere scomodo oltre che fiscalmente rischioso. Ipotizziamo allora di tenere un registro comune, disponibile pubblicamente e modificabile da tutti i partecipanti al sistema (che chiameremo **Sergiochain**); in esso vengono annotate tutte le transazioni effettuate, in attesa di trasformarle in denaro. Alla fine di ogni mese, chi ha speso più di quanto ha incassato deposita la differenza in una cassa comune, chi ha incassato più di quanto ha speso prende dalla cassa la differenza.

Tuttavia, potendo ognuno scrivere sul registro, c'è il rischio che qualcuno aggiunga transazioni che non sono realmente avvenute.

Per evitare ciò si ricorre ad un sistema di **firme digitali** per garantire che ogni transazione sia approvata da entrambe le parti coinvolte e, affinchè nessuno possa falsificare la firma di un altro, si usa un sistema chiave privata-chiave pubblica, che in crittografia sono rappresentate da stringhe alfanumeriche. La combinazione tra il messaggio che si vuole approvare e la propria chiave privata permette di creare una firma ogni volta diversa a seconda del messaggio. Tale sistema impedisce che qualcuno inserisca la firma di qualcun'altro, in quanto nessuno è in possesso della chiave privata altrui. Per questo motivo la firma digitale è più forte di quella apposta materialmente sui documenti cartacei.

E' possibile verificare che una firma digitale sia autentica facendo il percorso a ritroso: combinando il messaggio da validare con la firma digitale e la chiave pubblica sapremo se la firma appartiene al proprietario di quella chiave pubblica oppure no.

Nella Blockchain l'unico tipo di transazione che non necessita della firma delle parti è la coinbase, la transazione iniziale di ogni blocco che rappresenta la ricompensa che il miner può (e non "deve") autoassegnarsi. Quindi, il miner potrebbe potenzialmente assegnare la coinbase a qualcun altro (inserendo la chiave pubblica di un amico o parente e facendo recapitare la ricompensa del blocco sul relativo wallet) o assegnarsi una quantità inferiore di bitcoin, pur rimanendo ovviamente nel limite di bitcoin stabilito dal protocollo.

Nonostante l'efficienza del nostro sistema **Sergiochain**, nulla impedisce che qualcuno spenda più di quanto realmente possiede e che alla fine del mese non ripaghi il debito. Ecco che il protocollo dovrebbe trovare un modo affinchè le transazioni che fanno andare un conto in rosso vengano dichiarate automaticamente non valide. Il registro saprebbe in ogni momento qual è il saldo di ognuno perché conosce lo storico di tutte le transazioni effettuate (in entrata e in uscita) dai partecipanti.

In molti casi registri del genere sono centralizzati (ad esempio caricati su un sito internet) e ciò fa dipendere la validità delle transazioni dalla fiducia che i partecipanti ripongono nel proprietario e nell'hosting del sito. Qualora infatti il proprietario decidesse di chiudere il sito non si avrebbe più accesso al registro.

Il protocollo Bitcoin pone rimedio a tale problema mettendo a disposizione di ogni utente una copia del registro. Questo evita che si debba riporre la fiducia in un nodo centrale della rete. La rete Bitcoin non è centralizzata ma distribuita.

Ogni volta che viene effettuata una nuova transazione, questa viene trasmessa a tutto il mondo in modo che possa essere registrata su ogni copia del registro in circolazione.

Essendoci milioni di partecipanti alla rete e altrettante transazioni effettuate ogni giorno, come si fa ad essere sicuri che ogni partecipante abbia effettivamente trascritto tutte le transazioni nella propria copia e lo abbia fatto nel giusto ordine?

Per garantire che tutte le copie dei registri siano perfettamente uguali, la Blockchain utilizza una particolare **Funzione di Hash**, chiamata "**SHA256**" (*Secure Hash Algorithm*). Essa fa corrispondere a ciascun input (che può essere un messaggio, un numero o un file posto alla fine della lista di transazioni di un blocco) un preciso output dalla lunghezza fissa di 256 bit, chiamato codice "**Hash**" o "**Digest**" del messaggio. Cambiando anche una sola lettera del messaggio, l'Hash cambia completamente e imprevedibilmente. Siccome questa è una funzione crittografica sarà impossibile fare il percorso inverso e risalire al messaggio in input, eccetto che andando per tentativi. Ci sono però migliaia di miliardi di combinazioni possibili. E' anche questo che garantisce la sicurezza della Blockchain.

Puoi provare tu stesso a convertire un messaggio in codice Hash attraverso la funzione SHA256 dal sito: *www.convertstring.com/it/Hash/SHA256*

Ad ogni parola o insieme di parole corrisponde uno e un solo Hash. Aggiungendo alla frase anche solo un punto o uno spazio, il nuovo Hash sarà completamente diverso dal precedente.

Il registro della rete di Bitcoin è diviso in blocchi, contenenti ognuno migliaia di transazioni e un numero casuale posto come input. Cerchiamo di capire cos'è questo numero.

La particolarità della Blockchain, come stabilito da Satoshi Nakamoto, è che ogni blocco deve essere identificato con un codice Hash che inizi con un certo numero di zeri. La complessità del lavoro dei miners sta proprio nell'individuare (essendo in grado di fare tantissimi tentativi al secondo grazie alle loro "macchine") quel numero univoco che, combinato con le transazioni contenute nel blocco in questione e utilizzato come input della funzione di Hash dia come output un Hash che inizi con X zeri. Maggiore è il numero di zeri richiesto, maggiore è la difficoltà dei calcoli necessari per trovare quel numero.

Si intuisce che, modificando anche una sola virgola all'interno di una delle migliaia di transazioni che compongono il blocco, l'Hash sarà completamente diverso e si dovrà trovare un diverso numero che dia come output del blocco un codice idoneo. Quel numero è chiamato in crittografia "**Proof of Work**" (*prova di lavoro*, cioè la prova che il lavoro è stato svolto correttamente) o "**Nonce**" (Number ONCE used, letteralmente "numero usato una volta sola"), dal nome dell'omonimo algoritmo di consenso Proof of Work (**PoW**). Mentre per individuare tale numero occorre ai miners come sappiamo un lavoro di circa 10 minuti, il verificare e confermare che esso restituisca effettivamente un Hash che inizia con X zeri (attività svolta da tutti i nodi della rete) è immediato e non è necessario che i nodi eseguano di nuovo gli stessi calcoli fatti dal miner.

Come illustrato in figura ogni blocco contiene, oltre alle transazioni, al nonce trovato dal miner e all'Hash di output, anche l'Hash del blocco precedente. Ciò garantisce che i blocchi siano legati nel giusto ordine all'interno della catena.

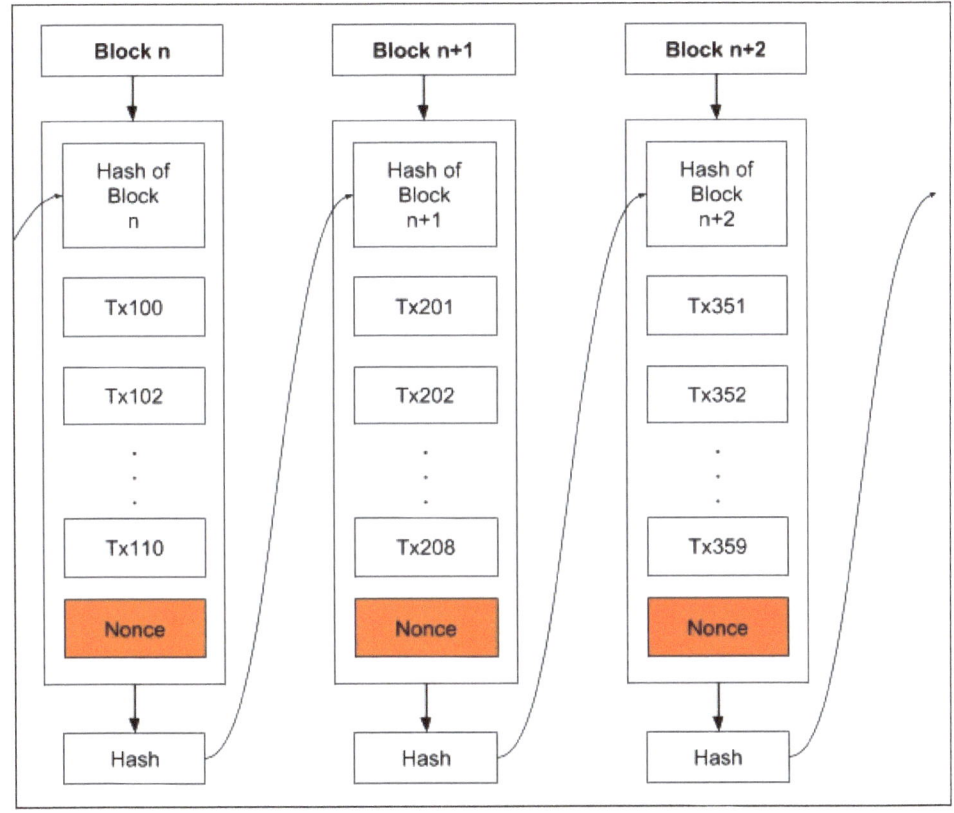

Figura n.5 – Composizione dei blocchi della Blockchain

Se in una delle copie del registro si cambia l'ordine di un blocco ne risentirà tutta la catena, infatti cambierà il suo Hash e di conseguenza quelli di tutti i blocchi successivi.

Ogni volta che viene aggiunto un blocco alla catena, esso viene registrato anche nelle copie del registro che sono in possesso di tutti gli altri nodi.

Se nella Blockchain vengono trasmessi blocchi disposti in diversi ordini, viene ritenuta generalmente valida la catena con il maggior numero di blocchi successivi validati, che è anche quella con il maggior lavoro alle spalle. L'altra catena, come spiegato precedentemente, potrebbe essere un tentativo di hacking.

Ovviamente c'è sempre un piccolissimo margine di incertezza, a cui gli esperti lavorano ogni giorno per ridurne i potenziali effetti negativi.

Capiamo quindi che l'attività di mining è una vera e propria gara tra tutti i miners a chi riesce a trovare per primo la proof of work che dia al blocco un Hash valido. Il primo a riuscirci sarà colui che dispone degli hardware più potenti.

L'unità di misura della potenza di elaborazione della rete Bitcoin è chiamata **hashrate** o **hashpower**, e viene aggiornata ogni 2 settimane per garantire la validabilità di ogni blocco in 10 minuti. Quando la rete raggiunge un hashrate di 10 Th/s significa che può realizzare una mole di dieci trilioni (1^10.000.000.000.000) di calcoli al secondo.

Il primo aggiornamento dell'hashrate è avvenuto il **30 Dicembre 2009**, aumentando la difficoltà dei calcoli del mining da 1 a 1.125

In figura possiamo vedere quella che a tutti gli effetti è la "carta di identità" del blocco #511.177 della Blockchain e, nella parte inferiore della pagina del sito, è riportata la lunga lista di transazioni contenute nel blocco, che per questioni di spazio eviterò di mostrare.

Merkle root	db671644f5fb0df559e55c619ee46feb51f464077b3f4de91be873d1de43ed55
Version	0x20000000
Bits	392,009,692
Weight	3,993,223 WU
Size	1,100,926 bytes
Nonce	2,773,011,457
Transaction Volume	7819.36938022 BTC
Block Reward	12.50000000 BTC
Fee Reward	0.38711709 BTC

Figure n.6 e 7 - Informazioni riguardanti un blocco della blockchain di Bitcoin (Fonte: https://blockchain.info/it/block/000000000000000000004b049bdffd3982fa669f8567c2dd0088bae4660fd185bf)

Contrapposto all'algoritmo di consenso Proof of work c'è il cd. **"Proof of Stake"** (**PoS**), introdotto dalla rete Ethereum. Vedremo maggiori dettagli a riguardo nel libro su Ethereum (coming soon). Come vedremo, però, questi non sono gli unici 2 algoritmi esistenti.

Nel terzo volume di questa serie scoprirai tutte le opportunità offerte dall'utilizzo di Bitcoin e della blockchain nella vita quotidiana.

In arrivo nel 2023 in tutte le librerie e su Amazon.

Non perdertelo!

CONTINUA...

CONCLUSIONE

Voglio ringraziarti per l'interesse e la fiducia dimostratami acquistando questo libro.

Consiglialo a tutti coloro che sono appassionati di criptovalute o che vorrebbero chiarirsi le idee su questo nuovo argomento.

Per scoprire gli altri libri che ho pubblicato ti invito a visitare la mia Pagina Autore su Amazon (*https://www.amazon.it/Sergio-Suarato/e/B0B64NQ5NJ*) e a cliccare sul pulsante "Follow" per rimanere aggiornato sulle prossime uscite della serie "*Bitcoin dalla A alla Z*" e non solo.

Se hai domande che ti piacerebbe pormi oppure sei curioso di conoscere i dettagli dei progetti a cui sto lavorando, visita la mia pagina Linktree scannerizzando con il tuo cellulare questo codice QR.

Qui troverai le mie informazioni di contatto e tutti i profili social su cui sono attivo e avrai la possibilità di attivare **GRATIS** un abbonamento a Kindle Unlimited per leggere gratuitamente tutti gli e-book presenti su Amazon.

Inoltre, potrai approfittare delle risorse gratuite che offro e dare un'occhiata a tutti i miei progetti.

Se il libro ti è piaciuto ti chiederei di lasciare una recensione positiva sulla pagina Amazon del libro, mi aiuteresti tantissimo.

Grazie mille in anticipo!

Nel prossimo libro analizzeremo nel dettaglio tutti gli utilizzi pratici che è possibile fare con la Blockchain nella vita di tutti i giorni. Ti sorprenderai per le grandi potenzialità di questa tecnologia.

A presto...

...prestissimo!

BIBLIOGRAFIA

- Galbraith J., *Money*, 1975
- https://it.wikipedia.org/wiki/Conferenza_di_Bretton_Woods
- https://it.wikipedia.org/wiki/Moneta
- https://it.wikipedia.org/wiki/Inflazione
- https://www.coinmarketcap.com
- Estechandy et. al, *Cryptomonnaies et puissance de calcul: la Sibérie orientale, nouveau territoire stratégique pour la Russie*, 2020
- Gomez, *Geopolitics of Cryptocurrencies*, 2018
- Rao, *Africa could be the next frontier for cryptocurrency*, 2018
- "China's Plan for Digital Yuan Imperils Bitcoin's Biggest Markets", *Bloomberg*, 2020
- "Exploring cryptocurrency and blockchain in Iceland", *Penn today*, 2020
- "Understanding Cryptocurrencies: Geopolitical Perspectives", *The Free School*, 2018
- "The 2020 Geography of Cryptocurrency Report", *Chainalysis*, 2020
- https://www.cnbc.com/2018/02/15/the-cheapest-and-most-expensive-countries-to-mine-bitcoin.html
- Ammous S., *The Bitcoin Standard: The Decentralized Alternative to Central Banking*, 2018
- https://academy.youngplatform.com/it/principiante/articoli/tutti
- Tapscott D./Tapscott A., *Blockchain Revolution: How the*

Technology Behind Bitcoin and Other Cryptocurrencies is Changing the World, 2018

- Caponera A./Gola C., *Questioni di Economia e Finanza, Aspetti economici e regolamentari delle «cripto-attività»*, 2019

- www.blockexplorer.com

- Nakamoto S., *Bitcoin: A Peer-to-Peer Electronic Cash System*, 2008

- https://bitcoin.org

- https://cryptonomist.ch/

- www.blockchain.info

- Locorriere T., *Bitcoin superstar*, 2021

-https://eur-lex.europa.eu/legal-content/EN/TXT/?uri=CELEX%3A52020PC0593

-European Commission, *Proposal for a REGULATION OF THE EUROPEAN PARLIAMENT AND OF THE COUNCIL on Markets in Crypto-assets, and amending Directive (EU)*, 2019

- Wikipedia